Dis-moi pourquoi…

Dis-moi pourquoi...

par Catherine Ripley
illustré par Scot Ritchie

CHANTECLER

DÉDICACE

Ce livre est dédicacé à tous les enfants curieux – et à leurs parents –
dans l'espoir qu'il contribue à répondre à quelques merveilleux « pourquoi ? ».
Posez des questions, encore et encore !

Original title : *Why ? The best ever question and answer book about science, nature and the world around you*

French edition published by arrangement with Maple Tree Press Inc. Toronto Canada

Cette édition par Chantecler, Belgique-France
Traduction française : Anne-Michèle Lizen
D-MMIV-0001-105
Imprimé en Belgique

Sommaire

À l'heure du bain

Au supermarché

À l'heure du coucher

En promenade

À la cuisine

À la ferme

À l'heure du bain

Comment l'eau froide et l'eau chaude peuvent-elles sortir du même robinet ?

Surprise... derrière le robinet, il y a deux tuyaux à l'intérieur du mur ! Un tuyau amène l'eau chaude du réservoir d'eau chaude de ta maison. L'autre tuyau apporte l'eau froide directement d'un réservoir d'eau proche de chez toi. Quand tu ouvres le robinet, tu fais couler de l'eau chaude ou froide. Ouvre doucement le robinet, un filet d'eau s'écoule, ouvre-le franchement et l'eau jaillit ! Si tu fais venir à la fois de l'eau froide et de l'eau chaude dans le robinet, l'eau des deux tuyaux se mélange et tu obtiens de l'eau tiède.

Pourquoi dois-je me brosser les dents ?

Dans ta bouche, il y a de toutes toutes petites choses vivantes que l'on appelle bactéries. Si tu ne te brosses pas les dents, la nourriture y colle et les bactéries mangent les sucres qu'elle contient. Pendant ce temps, ces bactéries rejettent des déchets remplis d'un acide assez fort qui fait fondre la dure couche extérieure de tes dents. Et catastrophe ! cet acide fait des trous ! Ce sont les caries. En te brossant les dents, tu te débarrasses du sucre que les bactéries adorent. Si les bactéries n'ont rien à manger, aucun acide ne peut causer de caries dans ta bouche. Voilà pourquoi tu dois te brosser les dents.

Pourquoi vais-je aux toilettes?

Pour te débarrasser des restes de nourriture. Lorsque tu mâches et avales un morceau de pomme par exemple, tes dents et ton estomac le transforment en bouillie épaisse. Cette bouillie voyage à travers ton corps en devenant de plus en plus fine. Une partie sort de ton intestin grêle pour aller dans le sang et tout autour, afin de nourrir les différentes parties de ton corps.
Mais il y a toujours des restes ! Les restes de bouillie dans ton gros intestin (ou côlon) deviennent solides. Tes reins, quant à eux, enlèvent les restes liquides de ton sang et les envoient dans ta vessie. Pour te débarrasser de tous ces restes, tu vas aux toilettes.

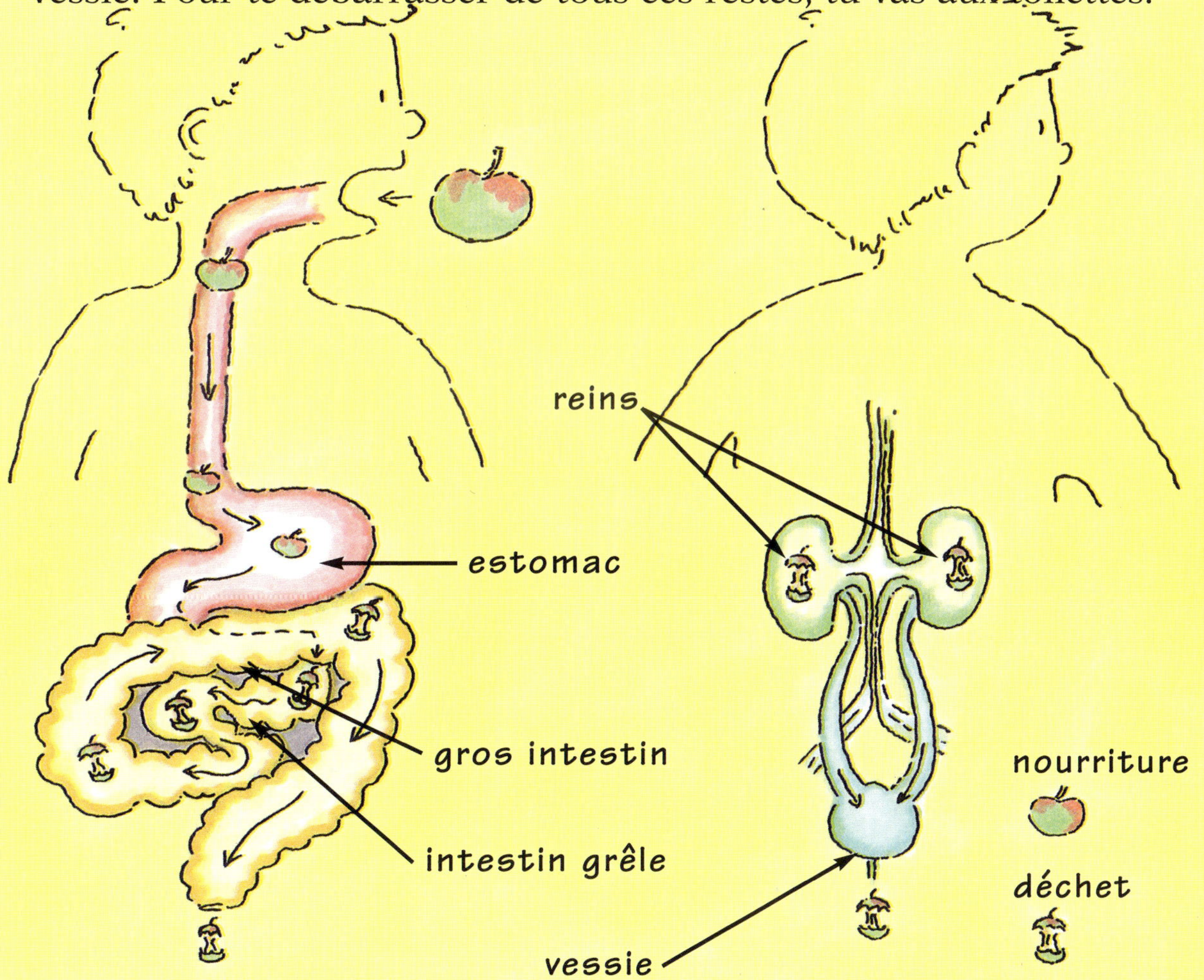

Où ça va quand je tire la chasse ?

Ça descend, direction dehors ! Tu tires la chasse d'eau : l'eau s'écoule dans le tuyau relié à la cuvette, passe par un conduit dans la maison pour rejoindre un tuyau plus gros. Si tu habites en ville, l'eau s'écoule dans un tuyau encore plus gros sous la rue. Ensuite, elle passe au travers de tuyaux de plus en plus importants pour arriver dans une usine de traitement de l'eau, où elle est nettoyée. À la campagne, le tuyau à l'extérieur de la maison peut amener l'eau dans une fosse septique souterraine, qui ressemble à une usine de traitement de l'eau installée dans ton propre jardin.

Les animaux n'ont pas de baignoire, alors comment se lavent-ils ?

Chacun a son truc. Crois-le ou non, le zèbre se roule dans la poussière pour se laver ! C'est sa manière de se débarrasser des peaux mortes et des insectes. Le chimpanzé a toujours un copain pour retirer bestioles et poussières de son pelage, tandis que le chat utilise sa langue pour se laver en se léchant. Le rhinocéros compte sur un oiseau qui se nourrit des insectes gênants sur son dos. Et l'éléphant se douche ou se baigne dans la poussière ou dans l'eau, mais sans savon !

Pourquoi le savon

Rien de tel pour bien te laver ! Comme toutes les choses, le savon est fait de millions de molécules, de minuscules éléments que tu peux seulement voir au microscope. Quand tu mouilles le savon, les molécules d'eau libèrent les molécules de savon pour qu'elles puissent glisser et se répandre partout. Elles glissent facilement sur ta peau, entrent en contact avec la saleté et enlèvent les impuretés de ton corps. Te voilà propre comme un sou neuf !

est-il si glissant?

Aïe ! Pourquoi certains shampoings piquent-ils les yeux ?

Parce qu'ils ne ressemblent pas à tes larmes. Lorsque tu as du shampoing dans les yeux, tes yeux sentent tout de suite la différence. Ils envoient un message « ça pique » au cerveau : *Aïe ! Au secours ! Il se passe quelque chose de bizarre ici !* Pour se débarrasser du corps étranger, le cerveau commande à tes yeux de fabriquer plus de larmes pour chasser le shampoing.

Certains shampoings sont spécialement faits pour ressembler autant que possible à l'eau de tes yeux. Ils trompent donc tes yeux et ne piquent pas.

Pourquoi mes doigts plissent-ils dans le bain ?

Parce que tes doigts sont trop nus ! Ta peau est recouverte par une fine couche d'huile. Quand tu restes longtemps dans le bain, la couche d'huile s'en va.... L'eau du bain peut alors s'infiltrer sous ta peau nue qui gonfle et se plisse. Sur la paume de tes mains et la plante de tes pieds, la peau est plus épaisse et fait de grands plis.

Pourquoi le carrelage est-il plus froid que le tapis ?

Parce que la chaleur quitte tes pieds. Le sol dur en carrelage est froid car il enlève la chaleur de tes pieds. Plus la chaleur les quitte, plus tes pieds ont froid. Le tapis de bain doux et pelucheux paraît plus chaud car les espaces entre les peluches gardent la chaleur et ne l'ôtent pas aussi rapidement de tes pieds que le carrelage. Voilà pourquoi le tapis de bain donne l'impression de chaud et le carrelage l'impression de froid.

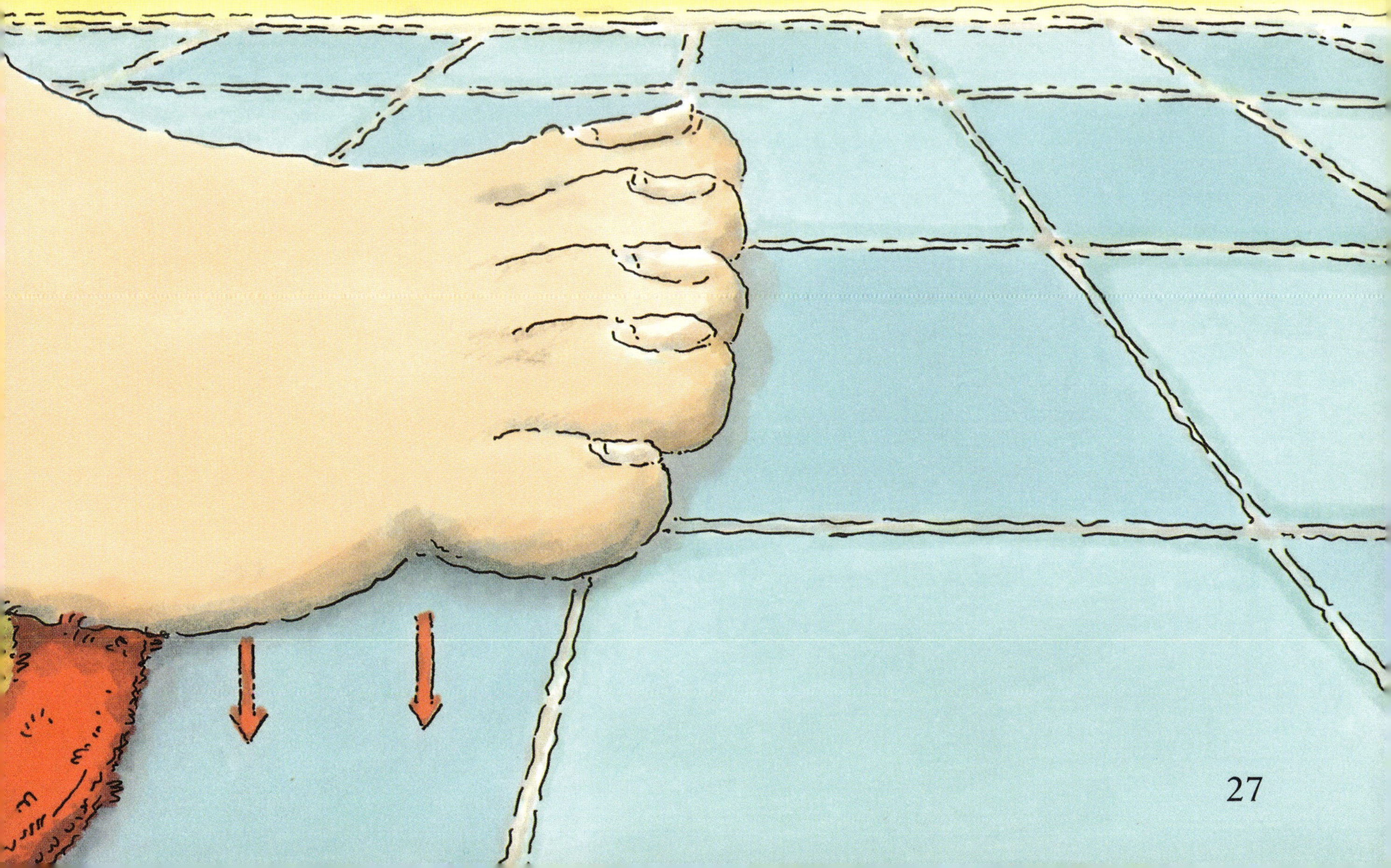

Pourquoi puis-je dessiner sur le miroir ?

Parce que l'air est rempli d'eau. Normalement, tu ne vois pas l'eau qui se trouve dans l'air humide et chaud de ton bain ou de ta douche, car elle est sous sa forme invisible, qu'on appelle vapeur d'eau. Mais quand la vapeur d'eau se dépose sur quelque chose de plus froid qu'elle, un miroir par exemple, elle se transforme en minuscules gouttes d'eau. Les gouttes forment une fine couche qui recouvre le miroir. Lorsque tu dessines avec ton doigt, tu brises la couche qui laisse apparaître le miroir dessous. Et un dessin apparaît !

Le sais-tu ?

Le canard fait bien plus que se laver quand il lisse ou pique ses plumes avec son bec. Son bec transporte de l'huile qui provient d'une glande située à l'arrière de son corps. Il étale l'huile partout en une fine couche pour imperméabiliser ses plumes.

Peux-tu imaginer une baignoire déguisée en grande commode où ranger le linge ? On le faisait autrefois pour cacher la baignoire dans la chambre à coucher. Pourquoi ? Parce qu'on n'avait pas encore inventé la salle de bains !

Quand tu fais une bulle de savon, tu remplis une fine pellicule d'eau et de savon avec suffisamment d'air pour la faire s'élever.

Stop ! Avant de remplir ton verre pour te rincer les dents, pense qu'un dinosaure a peut-être bu cette eau-là il y a des millions d'années. La même eau est sans cesse réutilisée sur Terre...

Au supermarché

ENTRÉE

Les portes s'ouvrent-elles par magie ?

Non, sans le savoir, c'est *toi* qui les ouvres ! Au-dessus de la porte, un « œil » électronique spécial envoie un rayon invisible devant la porte. Lorsque tu passes à travers ce rayon, tu le coupes. Cela donne l'ordre au moteur près des portes de commencer son travail et de t'ouvrir les portes.

D'où viennent les pommes en hiver ?

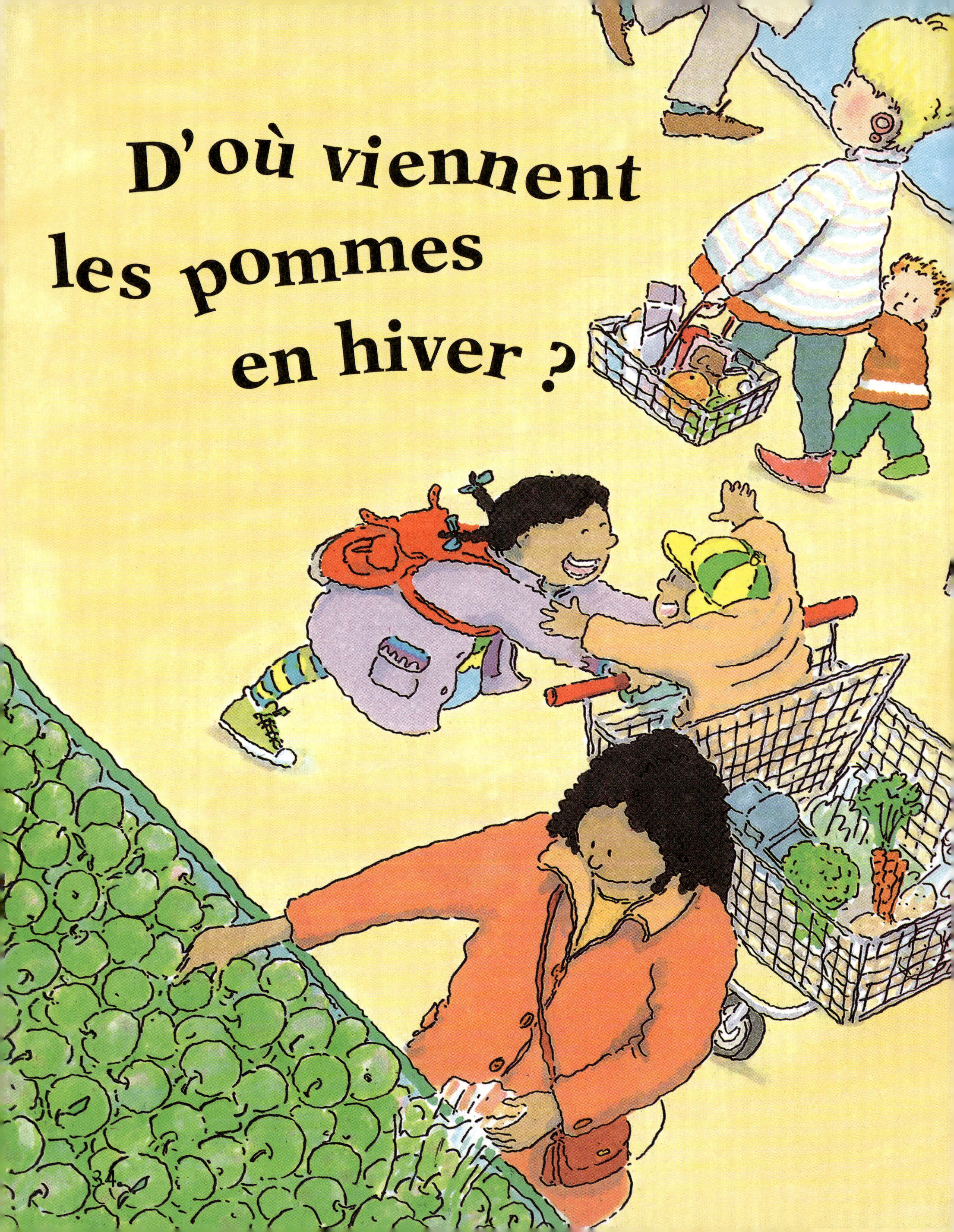

Certaines pommes viennent de pays très lointains où c'est l'été. D'autres viennent d'énormes réserves remplies de pommes endormies, *chut !* Après la cueillette, les pommes utilisent un gaz de l'air appelé oxygène, ainsi que la lumière et la chaleur, pour mûrir. En automne, certaines pommes sont conservées dans d'immenses chambres froides et sombres, où une machine retire presque tout l'oxygène de l'air. Ainsi, les pommes s'endorment et ne mûrissent que très lentement. Plus tard, quand on les retire pour les expédier au magasin, elles se réveillent, fraîches et croquantes.

Pourquoi ça sent si bon ici ?

L'air chaud monte. Et quand on cuit du pain, il y a beaucoup d'air chaud tout autour. L'air monte dans la pâte à pain encore collante puis, au fur et à mesure de la cuisson, rend le pain léger et moelleux. Un peu de cet air chaud, plein de vapeur, s'élève du pain et flotte dans l'air jusqu'à ton nez. Il transporte l'odeur délicieuse de tous les ingrédients contenus dans le pain. Une fois que les aliments cuits sont refroidis et emballés, l'air ne peut plus transporter aussi facilement les odeurs.

Comment toute cette nourriture arrive-t-elle ici ?

Dans toutes sortes de camions ! Chaque jour, le directeur du supermarché commande la nourriture qu'on va vendre au magasin. De gros camions apportent les commandes. La nourriture qui doit rester surgelée ou très froide arrive dans un camion qui ressemble à un congélateur géant. D'autres camions frigorifiques sont juste assez froids pour transporter le lait et la viande. Parfois, les légumes et les fruits fraîchement cueillis arrivent de fermes voisines dans des camionnettes.

Pourquoi y a-t-il des œufs bruns et d'autres blancs ?

Cela dépend des poules qui les ont pondus. Les poules blanches de Livourne, par exemple, pondent la plupart des œufs blancs. Les œufs bruns viennent généralement de poules rousses. Mais il existe toutes sortes d'autres poules : certaines pondent des œufs blancs, d'autres des bruns, d'autres encore des œufs tachetés et l'ameraucana, une poule d'Amérique du Sud, pond des œufs bleus !

Pourquoi les spaghettis ont-ils la forme de spaghettis et les macaronis celle de macaronis ?

C'est une histoire remplie de trous ! À l'usine, la pâte à pâtes est poussée à travers des trous percés dans des plaques métalliques spéciales. La forme des pâtes qui en sortent dépend de la taille du trou par lequel elles sont passées. Quand la pâte traverse de tout petits trous, on obtient des spaghettis. Lorsqu'elle passe par des trous ronds munis d'une pièce centrale, la pâte ressort en longs tubes creux. On coupe les tubes en petits morceaux, ce sont les macaronis.

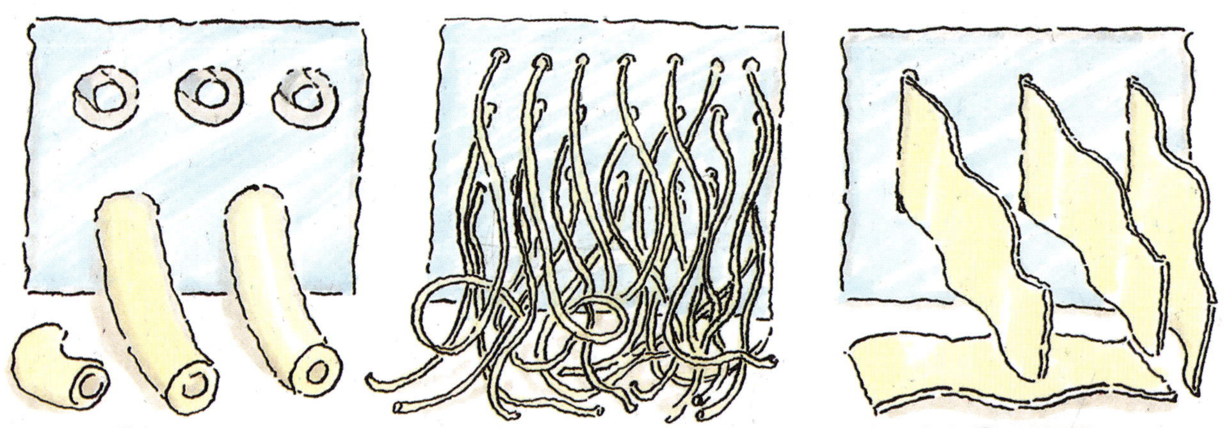

Pourquoi la limonade pétille-t-elle ?

Parce qu'elle contient des milliers de bulles minuscules. Avant d'être mise en boîte ou en bouteille, la limonade passe dans une machine qui la refroidit et qui la comprime. Il est alors plus facile d'y ajouter des bulles provenant d'un gaz appelé le dioxyde de carbone. Lorsque tu ouvres une bouteille ou une boîte de limonade, les minuscules bulles se précipitent à la surface et éclatent. Le pétillement vient de l'éclatement de toutes ces petites bulles, *pop, pop !* Enfin, quand toutes ont éclaté, ta limonade ne pétille plus, elle est « plate ».

Pourquoi mes doigts collent-ils aux cannettes du réfrigérateur ?

Tes doigts sont certainement humides ! Lorsque tes doigts sont mouillés, même un tout petit peu (par ta transpiration par exemple), et que les cannettes sont très froides, tes doigts vont s'y coller. Dès que tu touches la cannette, l'humidité sur ta peau gèle et fixe tes doigts comme une colle glacée. *Brrrr !*

Pourquoi certaines personnes apportent-elles leurs sacs ?

Parce qu'elles souhaitent le (ré)utiliser. Pour fabriquer des sachets en papier, on doit couper des arbres. Pour faire des sachets en plastique, on doit forer des trous dans le sol pour extraire du pétrole. Il faut ensuite beaucoup d'électricité pour transformer les arbres et le pétrole en sachets ou en sacs. Si tu n'utilises qu'une seule fois les sachets, ils finissent à la poubelle et la chaîne de fabrication doit recommencer. Mais si tu réutilises toujours les mêmes sachets, ou si tu emmènes des sacs en tissu solide, tu ne gaspilles ni les arbres, ni le pétrole ou l'électricité. Et tu n'augmentes pas les quantités de déchets.

Le sais-tu ?

Si les portes du magasin ne s'ouvrent pas automatiquement pour ton petit frère, c'est probablement parce qu'il est trop petit ! Le rayon de l'œil électronique s'affaiblit et s'élargit au-delà d'une certaine distance. Une très petite personne ne coupe pas le rayon, le moteur ne se met donc pas en marche et les portes ne s'ouvrent pas.

Sur la plupart des produits en magasin, tu trouves un code-barres. Les barres et les chiffres forment un code qui remplace le nom et le prix du produit. En « scannant » ces codes-barres au magasin, les informations cachées dans les codes te sont données. Ces informations apparaissent sur l'écran à la caisse et sont imprimées sur ton ticket.

Surprise... le fromage vient de l'herbe ! La vache mange de l'herbe et, dans son ventre, l'herbe devient du lait. Puis on trait la vache, et une partie du lait est utilisée pour fabriquer du fromage. Oui, le fromage vient de l'herbe !

À l'heure du coucher

Où le Soleil va-t-il la nuit ?

Il ne va nulle part. On dirait qu'il est parti, mais il est toujours là et il continue de briller. Nous vivons tous sur la planète Terre, mais c'est la Terre, avec toi dessus, qui bouge. Chaque jour la Terre fait un tour sur elle-même. La lumière du Soleil éclaire seulement le côté de la Terre qui lui fait face. Il fait jour quand le côté de la Terre où tu te trouves fait face au Soleil. Il fait nuit quand le côté de la Terre où tu te trouves tourne le dos au Soleil.

Pourquoi les yeux du chat brillent-ils dans le noir ?

Les yeux d'un chat comportent des cellules qui fonctionnent comme un miroir et renvoient la lumière qu'ils reçoivent. Quand tu vois les yeux d'un chat briller dans le noir, tu vois la lumière qui y est réfléchie. Le chat est capable d'utiliser la moindre lueur pour voir. Il voit dans la pénombre, mais pas dans l'obscurité totale.

Y a-t-il un homme sur la Lune ?

Pas vraiment. Les lignes et les courbes qui ressemblent à des yeux, un nez et une bouche sont en réalité des montagnes et des plaines. Les montagnes lunaires sont faites de rochers clairs. Les plaines lunaires sont faites de rochers sombres. Montagnes claires et plaines sombres dessinent le visage d'un homme sur la Lune.

Ou est-ce un lapin ? Une crevette ? Ou encore une dame ?

Pourquoi les tulipes se referment-elles le soir?

Parce que le cœur de la fleur est très important. C'est de là que viennent les nouvelles semences. Les tulipes fleurissent au printemps. Les nuits sont encore froides et il gèle parfois, *brrr !* Le froid peut abîmer le cœur des fleurs, aussi se referment-elles la nuit pour le protéger. Quand il fait plus chaud la journée, les tulipes s'ouvrent à nouveau. Les abeilles peuvent alors y entrer pour permettre à de nouvelles graines de se développer. Et des nouvelles graines naissent de nouvelles fleurs.

Pourquoi est-ce que je bâille quand je suis fatigué ?

Pour réveiller ton cerveau ! Pour rester actif, ton cerveau a besoin d'une grande quantité d'un gaz appelé oxygène. L'oxygène est dans l'air que tu respires et il circule dans ton corps grâce à ton sang. À la fin de la journée, ton cœur pompe le sang plus lentement. Ton cerveau endormi a besoin de plus d'oxygène. *WAAAH !* Tu avales une grande quantité d'oxygène, et ton cerveau se sent mieux.

Pourquoi les étoiles scintillent-elles ?

À cause des couches d'air. La Terre est entourée par l'atmosphère, formée de couches d'air. Quand la lumière des étoiles traverse l'atmosphère, nous pouvons la voir. Ses rayons viennent de si loin qu'ils paraissent faibles. Ils sont ballottés sur les obstacles dans l'atmosphère. Comme les rayons de lumière font un petit mouvement de va-et-vient, les étoiles donnent l'impression de clignoter et de scintiller !

Qu'y a-t-il sous mon lit ?

Quelques jouets, une chaussette, un livre... et des acariens. Les acariens sont de minuscules animaux, si petits que tu ne peux pas les voir. Mais si tu pouvais rapetisser des milliers de fois, tu en découvrirais des milliers, en train de dévorer à belles dents. Ils mastiquent les petits morceaux de peau morte et de cheveux tombés dans la poussière, et pour sûr ils font un fameux travail de nettoyage !

Pourquoi dois-je dormir ?

En réalité, personne ne le sait vraiment. Certains scientifiques pensent que nous avons besoin d'un moment où toutes les parties de notre corps tournent au ralenti et se reposent. D'autres estiment que le sommeil offre aussi au corps un temps de réparation, comme pour guérir une blessure ou retrouver l'énergie dépensée pendant la journée. Peu importe la raison, dormir est nécessaire, sinon tu n'aurais pas sommeil !

Pourquoi ne vois-je plus rien juste après qu'on a éteint la lumière ?

Parce que tes yeux ne se sont pas encore habitués à l'obscurité. Le petit cercle de couleur noire au milieu de tes yeux, la pupille, laisse entrer la lumière pour que tu puisses voir. Dans le noir, tes pupilles doivent s'élargir davantage pour capter le peu de lumière qu'il y a. Quand la lumière s'éteint, il faut à tes pupilles plusieurs secondes pour se dilater (c'est-à-dire s'élargir). Pendant ce temps, tout semble complètement noir.

Fais de beaux rêves

Vais-je rêver cette nuit ?

Certainement. Tu fais beaucoup, beaucoup de rêves chaque nuit, même si tu ne t'en souviens pas quand tu te réveilles. Les scientifiques pensent que tu rêves lorsque ton cerveau essaie de donner un sens à toutes les choses que tu as faites et ressenties pendant la journée. Ils pensent aussi que les animaux rêvent, tout comme toi. Fais de beaux rêves !

Le sais-tu ?

De nombreux animaux s'activent la nuit tandis que d'autres dorment. À la tombée de la nuit, les chauves-souris sortent à la recherche d'insectes alors que les oiseaux de jour font un petit somme. Quand le jour se lève, les chauves-souris se suspendent la tête en bas pour dormir pendant que les oiseaux volent en quête d'insectes.

Tic, tac, tic, tac. Même si elle est invisible, il y a dans ton corps une sorte d'horloge qui te dit qu'il est l'heure d'aller au lit à la fin de la journée. Cette horloge interne perçoit l'intensité de la lumière. Moins de lumière signifie qu'il est temps de dormir, ton corps fabrique alors de la mélatonine, une substance qui t'endort.

Une étoile filante n'est pas une étoile. Il s'agit d'une météorite, une pierre de l'espace qui brûle en fonçant à toute vitesse à travers l'atmosphère de la Terre. *Flash !* La plupart des météorites ont la taille d'un petit pois ou sont même plus petites, et s'éteignent avant de toucher le sol.

En promenade

Pourquoi ça « sent » si frais après la pluie ?

Parce que l'air est propre et humide. D'abord, la pluie lave l'air des particules en suspension comme la poussière et la suie. Ensuite, l'humidité garde les particules au sol, elles n'encombrent donc plus l'air que tu respires. L'air humide transporte jusqu'à ton nez l'odeur de la terre, de l'herbe et des arbres mouillés mieux que l'air sec ne le fait. L'humidité dans l'air humidifie même l'intérieur de ton nez, ce qui te permet de capter au mieux toutes ces fraîches odeurs !

Pourquoi les vers sortent-ils de terre quand c'est mouillé ?

Parce qu'ils aiment l'humidité ! Les vers ont toujours besoin d'être un peu mouillés sinon leur peau se dessèche. Quand le soleil brille, ils restent sous terre, dans le sol humide. Mais lorsqu'il pleut, ils n'ont plus peur du soleil qui pourrait les dessécher et ils sortent de terre, à la recherche de nourriture. Parfois, il pleut après une longue période de sécheresse, et de nouvelles sortes de plantes et d'animaux commencent à peupler le sous-sol. Ils prennent une grande partie de l'air dont les vers ont besoin pour respirer. Les vers doivent donc creuser des tunnels pour sortir de terre afin de respirer.

Pourquoi le chien renifle-t-il tout ?

Sniff ! Sniff ! Le chien fait connaissance avec ce qui l'entoure en reniflant. Le nez d'un chien perçoit 40 fois mieux les odeurs que ton nez. En flairant le sol, un chien peut savoir qui vient de circuler autour de sa maison. Il sait s'il y a un autre chien à proximité ou si les animaux qu'il rencontre (toi y compris) sont effrayés ou contents. Il peut donc même déterminer les humeurs par son odorat. Un chien flaire aussi pour trouver de la nourriture ou chasser un animal à l'odeur intéressante comme un lapin ou – *miaou* – un chat !

Aïe ! Comment ma blessure arrête-t-elle de saigner ?

C'est une histoire de colle. Quand tu te coupes, des parties de ton sang appelées plaquettes se rassemblent. Elles se collent les unes aux autres aux bords de ta blessure pour former une fine couverture par-dessus. Si la coupure est grande, les plaquettes ont besoin d'un coup de main. La fibrine vient alors à la rescousse. La fibrine est un autre composant spécial de ton sang. Elle tisse de longs fils collants au-dessus de la blessure. Ensuite les fils sèchent pour former une croûte. La croûte agit comme un pansement et permet à la nouvelle peau de pousser en dessous. Alors n'arrache pas la croûte !

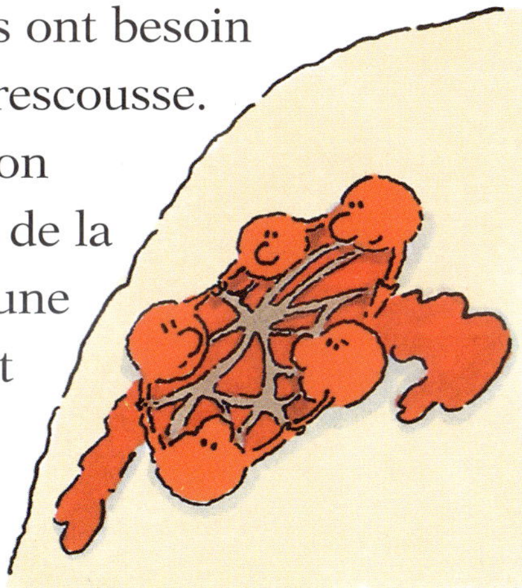

Pourquoi les pissenlits deviennent-ils blancs et pelucheux ?

Pour faire d'autres pissenlits ! Chaque bouton de pissenlit est fait de plus d'une centaine de minuscules fleurs jaunes. Une graine se forme dans chaque fleur et s'attache à une longue tige. Au bout de ces tiges se trouvent des touffes blanches. Lorsque les pétales jaunes tombent, tu vois alors une boule blanche de peluches. Elles ressemblent à de petits cerfs-volants, chacune portant une graine, et s'envolent au gré du vent. Et de chaque graine naîtra un nouveau pissenlit. Si tu souffles dessus, tu agis comme le vent : tu aides les graines à se disperser et à germer plus loin.

Pourquoi le ciel est-il bleu ?

Grâce à des vagues dispersées de lumière bleue. La lumière du jour est composée de toutes les couleurs de l'arc-en-ciel : rouge, orangé, jaune, vert, bleu, indigo et violet. Ces couleurs voyagent par vagues (ou ondes). Quand la lumière rencontre des choses, certaines couleurs sont absorbées et d'autres rebondissent. Les couleurs que tu vois sont celles qui rebondissent.

Très haut dans le ciel, les vagues de lumière frappent l'air, qui est composé de gaz différents constitués de toutes petites parties appelées molécules. Les vagues de lumière bleue rebondissent sur ces molécules et s'éparpillent partout dans le ciel. Donc, quand tu regardes en l'air, tu ne vois que du bleu.

Quelle est cette ligne blanche dans le ciel ?

Une traînée de glace ! Elle suit le passage d'un avion à réaction. Les avions à réaction ont des moteurs. Quand les moteurs tournent, ils laissent échapper des gaz, y compris de l'eau tellement chaude qu'on peut la comparer à de la vapeur sortant d'une bouilloire. Quand les gaz brûlants rencontrent l'air à l'extérieur de l'avion, la vapeur se refroidit et se transforme en gouttes d'eau. Une seconde plus tard, les gouttes deviennent de la glace dans l'air glacial tout là-haut. Ces petits morceaux de glace forment une longue traînée.

Pourquoi ça fait *tout drôle* quand je me balance ?

Parce que tu n'es plus en équilibre. Tout commence au fond de tes oreilles. De là partent des messages vers ton cerveau, qui lui disent comment tu bouges et à quelle vitesse. Voilà comment tu gardes ton équilibre. Lorsque tu te balances, ton corps change si vite de place que les messages ne peuvent plus suivre. Ton cerveau est un peu perdu. Et alors tu peux te sentir bizarre à l'intérieur. La même chose peut arriver sur des montagnes russes ou même dans un ascenseur !

Pourquoi les oiseaux chantent-ils ?

Ils font la causette ! Si les oiseaux chantaient des mots, tu entendrais beaucoup de messages différents. Au printemps, le mâle dit aussi bien : « N'approchez pas » que « Je cherche une fiancée ». C'est à la fois un avertissement pour tenir les autres mâles à l'écart de son territoire et une invitation pour les femelles à venir le rejoindre ! Les oisillons appellent :« Maman et papa, j'ai faim, faim, faim ! » Les oiseaux en bande sifflent pour rester ensemble et chantent : « Je suis là, mais toi, où es-tu ? » Certains se préviennent les uns les autres du danger : « Attention, attention où que vous soyez ! » Tout ça en langage d'oiseau, bien sûr.

Qu'est-ce qu'une ombre ?

C'est là où la lumière n'est pas. La lumière ne peut pas traverser certaines choses qui se trouvent sur sa route. Par exemple, quand la lumière du soleil te touche, elle est arrêtée par ton corps tandis qu'elle éclaire le sol tout autour de toi. Là où tu empêches la lumière d'atteindre le sol, une forme sombre apparaît... c'est ton ombre ! Elle te suit partout, vérifie-le par une journée ensoleillée.

Le sais-tu ?

Certains nuages ressemblent à des boules de coton géantes. Pourrait-on sauter dedans ? Pas vraiment ! Sauter dans un nuage, ce serait comme sauter dans le brouillard, froid, humide, embué. Les nuages sont faits de millions et de millions de minuscules gouttes d'eau froide et même parfois de tout petits cristaux de glace.

Pleuvrait-il... des hamburgers ? Les gouttes de pluie sont rondes et jolies tout là-haut dans les nuages. Mais quand elles tombent sur terre, l'air qui les pousse les aplatit et leur donne la forme de minihamburgers !

As-tu déjà remarqué que les chiens font des petits pipis un peu partout ? Comme les loups, les chiens urinent pour marquer leur territoire. Lorsque les autres chiens reniflent ces endroits, ils savent qu'ils doivent respecter ce territoire, s'en aller, ou se battre s'ils veulent rester et devenir le chef.

À la cuisine

Pourquoi mon ventre gargouille-t-il ?

C'est l'air qui gargouille en toi. À l'intérieur de ton corps, ton estomac et tes intestins sont constamment au travail. Quand tu manges, leurs mouvements réduisent les aliments en bouillie que ton corps peut utiliser pour se nourrir. Et quand il ne reste plus de nourriture à broyer ? Ton estomac et tes intestins poussent l'air qui s'y trouve, alors ça gargouille.

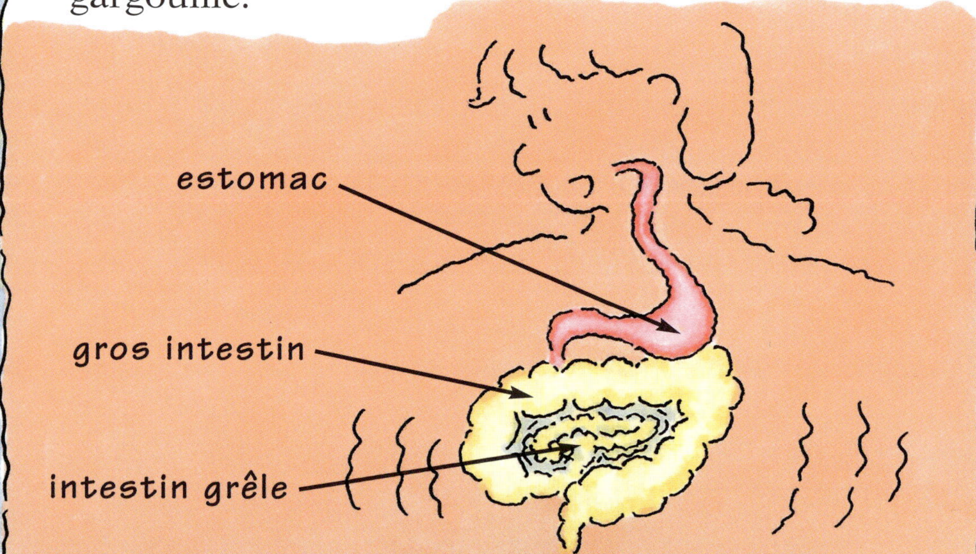

Pourquoi le pop-corn saute-t-il ?

Les grains de maïs sont durs à l'extérieur, mais à l'intérieur ils sont moelleux et légèrement humides. Lorsque tu chauffes les grains, l'eau à l'intérieur chauffe aussi. Elle se transforme en vapeur brûlante enfermée à l'intérieur du grain. La vapeur fait pression à l'intérieur jusqu'à ce que le grain explose ! L'enveloppe dure extérieure s'ouvre en éclatant et l'intérieur du grain se retrouve dehors. *Pop !*

Il est conseillé de ne pas laisser les enfants de moins de 5 ans consommer sans surveillance des denrées telles que le pop-corn afin d'éviter tout risque d'étouffement.

Pourquoi la peau des pêches est-elle douce ?

Pour les protéger. Toutes les sortes de fruits – les pommes lisses, les oranges bosselées, les ananas écailleux et les pêches douces – ont une peau qui les aide à rester en bonne santé. Chaque sorte de peau éloigne les insectes, les maladies ou ce qui pourrait blesser le fruit. Par exemple, le duvet de la pêche empêche une maladie appelée la pourriture brune de s'attaquer à la peau et de gâter le fruit. Plus la pêche est douce, mieux elle est protégée !
Si on te dit que tu as une peau de pêche, cela veut dire que tu as la peau douce !

Pourquoi le produit de vaisselle mousse-t-il autant ?

Car il y a plus de savon que de saleté. Quand le savon et l'eau se mélangent, ils forment un film qui capture les particules de saleté et les fait glisser des plats tachés. Mais s'il y a plus de savon que de saleté, le film de savon en trop capture des particules d'air. Un film savonneux gonflé d'air forme des bulles ! Les fabricants de produit de vaisselle savent qu'on raffole de la mousse, alors ils mettent beaucoup de savon en plus.

Comment fait le réfrigérateur pour refroidir la nourriture ?

En enlevant la chaleur. Il y a un long tuyau dans les parois du réfrigérateur. Un moteur, appelé compresseur, envoie un gaz spécial dans le tuyau, qui absorbe la chaleur intérieure du réfrigérateur où se trouve la nourriture. Le réfrigérateur libère ensuite la chaleur dans la cuisine. En retirant la chaleur, le réfrigérateur garde frais et froid tout ce qui s'y trouve.

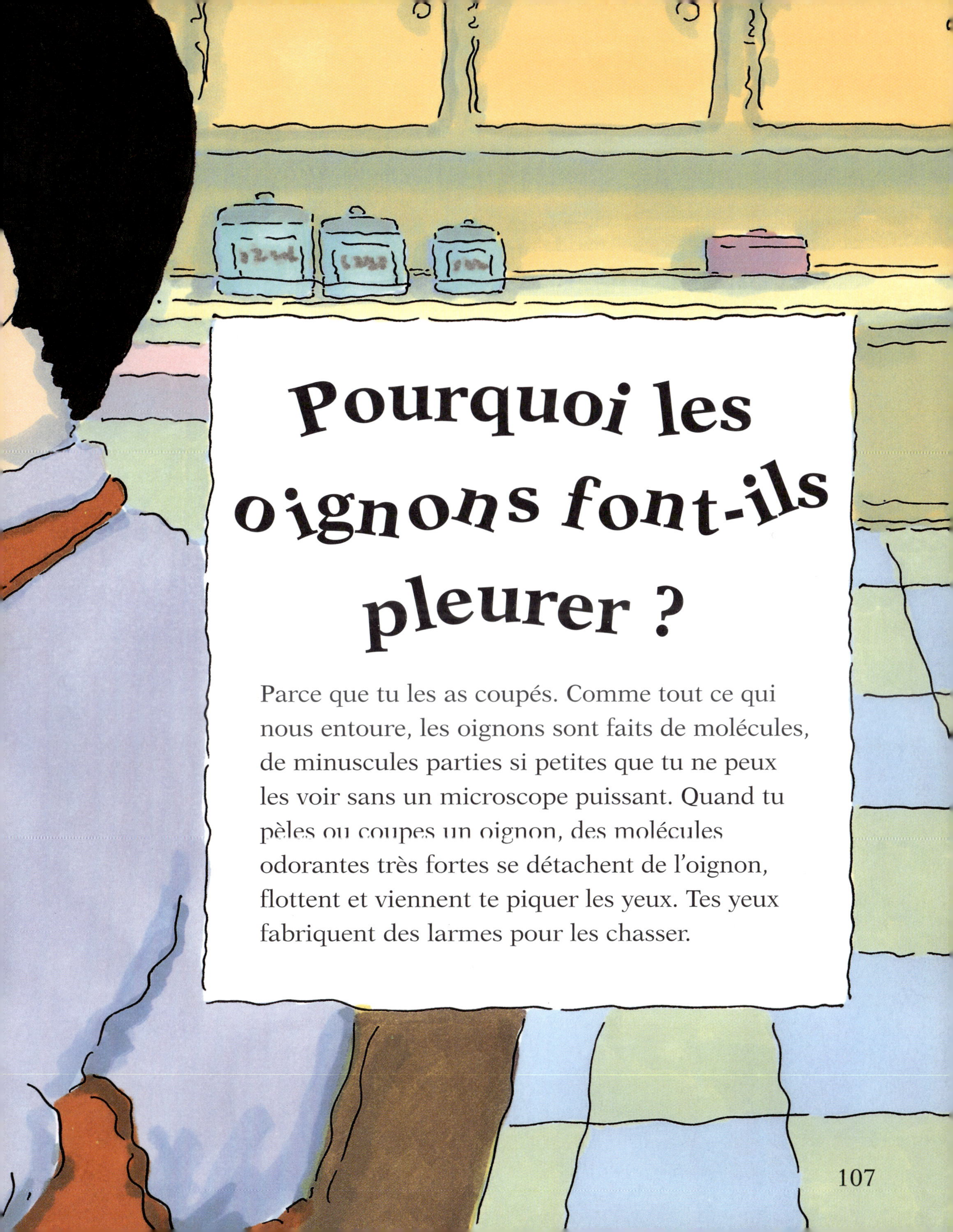

Pourquoi les oignons font-ils pleurer ?

Parce que tu les as coupés. Comme tout ce qui nous entoure, les oignons sont faits de molécules, de minuscules parties si petites que tu ne peux les voir sans un microscope puissant. Quand tu pèles ou coupes un oignon, des molécules odorantes très fortes se détachent de l'oignon, flottent et viennent te piquer les yeux. Tes yeux fabriquent des larmes pour les chasser.

Qu'est-ce qui fait grésiller la nourriture ?

Des gouttes d'eau qui dansent ! Dans les aliments, il y a de l'eau. Lorsque tu les mets dans une poêle très chaude, l'eau sort en toutes petites gouttes. Dès qu'elles touchent la poêle brûlante, les gouttes dansent et éclatent en petits nuages de vapeur. Elles créent ainsi de petites ondes dans l'air qui parviennent à tes oreilles comme un grésillement.

Pourquoi la poubelle pue-t-elle ?

Il doit s'y trouver de la nourriture qui pourrit. Cela signifie que de toutes petites créatures appelées bactéries décomposent les aliments. Par leur action sur la nourriture, certaines d'entre elles libèrent des odeurs. *Beurk !* Mais c'est une bonne chose car manger de la nourriture gâtée peut te rendre malade.

D'où vient le verre ?

De la plage ! Car le verre est fait de sable. Le sable est placé dans un four brûlant avec d'autres produits. Il fond. Prudemment, les fabricants de verre sortent le liquide rouge brûlant et lui donnent forme. Le verre refroidi et durci peut devenir un gobelet, une vitre, des lunettes de soleil ou...

Pourquoi les citrons font-ils faire des grimaces ?

Parce qu'ils sont acides. Quand tu gouttes un citron, la salive conduit son jus vers les papilles gustatives de ta langue. Les papilles gustatives envoient alors un message à ton cerveau : « Trop acide ! » Ton cerveau reçoit l'information, l'analyse et ordonne de se débarrasser du jus avec plus de salive. La salive se répand partout alors que ta bouche se tord et... grimace !

Pourquoi souffler sur la nourriture la fait-il refroidir ?

Quand tu vois la vapeur monter de la nourriture chaude, c'est parce que la chaleur en sort. La vapeur agit comme une couverture qui aide à garder la chaleur à l'intérieur. Plus vite tu chasses la couverture de vapeur en soufflant, plus vite la chaleur peut quitter la nourriture et donc plus vite elle refroidit. *Puf, puf, puf,* bon appétit !

Le sais-tu ?

Il y a à l'intérieur de ton grille-pain une bande métallique spéciale qui fait sauter tes tartines. La chaleur fait grossir et grossir une partie de la bande. La bande déclenche un ressort. Le ressort libère la barre sur laquelle se trouve la tartine. Et, *pops*, voici ta tartine !

Autrefois, il n'y avait pas d'électricité pour faire fonctionner les réfrigérateurs. Comment les gens faisaient-ils alors pour garder la nourriture au frais ? Ils la mettaient dans une « boîte frigo », faite de glace. La glace était découpée dans les lacs ou les rivières en hiver et conservée dans de la sciure de bois.

Est-ce du sucre ou du sel ? Difficile à dire sans goûter. Le sucre est doux car il provient de plantes telles que la canne à sucre ou les betteraves sucrières. Le sel est un minéral issu de l'eau de mer et séché ou extrait de mines souterraines.

À la ferme

Pourquoi les canards se dandinent-ils ?

Le corps d'un canard est large. Ses pattes, assez écartées l'une de l'autre, se situent loin en arrière près de sa queue. Elles sont palmées. C'est idéal pour nager – ce que les canards font très souvent – mais ce n'est pas si pratique pour marcher. Alors ils se dandinent, puis *plouf* ! dans l'eau !

Comment un poussin sort-il de l'œuf ?

À l'aide de son bec. Après 21 jours passés à l'intérieur de l'œuf, le poussin a grandi. Il a besoin de plus d'espace et il est prêt à respirer l'air frais. Utilisant son diamant, une bosse spéciale au bout de son bec, il perce un tout petit trou. Pic, pic, pic... enfin, la coquille commence à se fendre. Après quelques heures d'efforts, le poussin sort, mouillé et fatigué. Il perd son diamant un jour plus tard.

C'est quoi une brebis ?

Une maman mouton. Le papa mouton s'appelle le bélier, et le bébé, l'agneau. On donne aux animaux des noms différents selon qu'ils sont des mâles, des femelles ou des petits. Parmi ces animaux, combien en connais-tu ?

VACHES
Taureau, vache, veau
CHEVAUX
Étalon, jument, poulain
CHÈVRES
Bouc, chèvre, chevreau
ABEILLES
Reine, faux-bourdon
(abeille mâle),
ouvrière (abeille femelle),
larve (jeune abeille)
COUCHONS
Verrat, truie, porcelet

Pourquoi tond-on les moutons ?

Pour les rafraîchir, les décrotter et vendre leur laine. Ce n'est pas facile de tondre la laine en une seule grande pièce ! La laine est lavée, démêlée et filée en longues fibres, parfois à la main, mais généralement avec de grosses machines. Le fil peut être tricoté ou tissé pour faire des vêtements et des couvertures. La laine du mouton repousse pendant l'année et, au printemps – *bêêêê !* – revient le moment de la tonte.

Pourquoi les vaches font-elles « meuh » ?

Elles parlent ! Pour les animaux, émettre des sons est une manière de parler ensemble : bêler, aboyer, grogner, faire « coin coin » ou « meuh ». Les vaches laitières meuglent ou beuglent quand tarde le moment de la traite. Elles meuglent aussi si elles ont faim. Dehors, au pâturage, les vaches meuglent pour garder leurs petits veaux en sécurité tout près d'elles.

VACHES
LAITIÈRES
ŒUFS DE
OUCHERIE

Que mâche la vache ?

On dit que la vache rumine. Elle mange du foin, du grain ou de l'herbe. Son énorme estomac se divise en quatre parties. La nourriture est transformée en boulettes dans la seconde partie, le bonnet. Les muscles en mouvement renvoient les boulettes, une par une, à l'arrière dans la bouche de la vache. Elle les mastique, elle rumine ! Après avoir broyé les boulettes, la vache les avale à nouveau. À présent, la nourriture bien mastiquée continue son trajet dans le reste de son estomac.

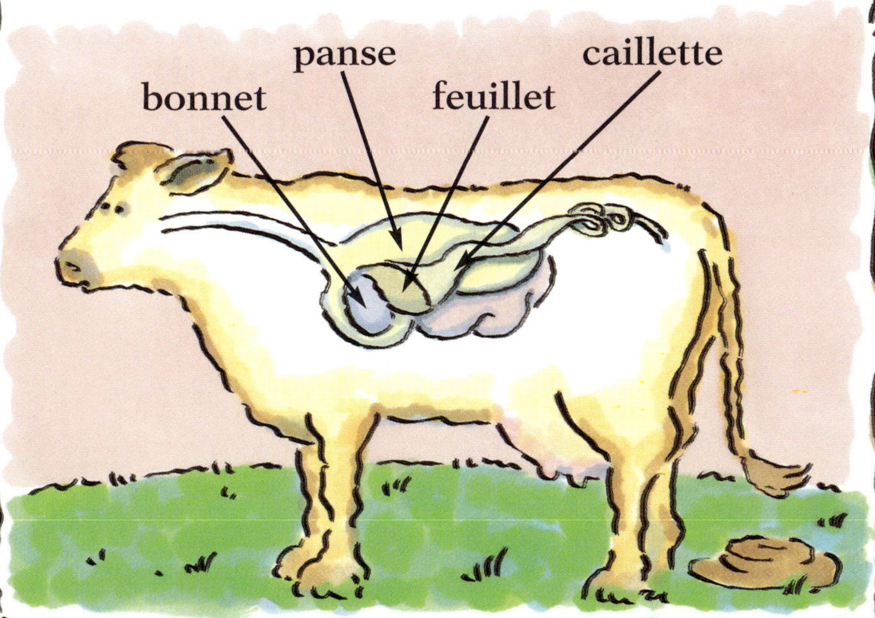

Pourquoi les chevaux dorment-ils debout ?

Pour pouvoir rapidement prendre la fuite. Aujourd'hui, la plupart des chevaux vivent dans une écurie. Mais autrefois ils vivaient tous à l'état sauvage. Ils étaient chassés par les loups, les pumas, les coyotes et les ours. Pour rester en vie, ils devaient pouvoir fuir À TOUTE VITESSE ! Un poulain est déjà capable de courir deux heures après sa naissance. Les chevaux peuvent détaler plus vite en position debout plutôt que couchés, voilà pourquoi ils dorment sur leurs jambes.

Pourquoi certaines chèvres ont-elles des cornes ?

Parce qu'on ne les a pas décornées. La plupart des chèvres portent des cornes. Les cornes sont dures et insensibles, un peu comme les ongles de tes doigts. À l'état sauvage, les chèvres utilisent leurs cornes pour se protéger, intimider et combattre. Mais à la ferme, ces cornes dures peuvent être dangereuses pour les gens et les autres animaux. Lorsque les chevreaux ont quelques jours, beaucoup de fermiers empêchent leurs cornes de commencer à pousser.

Comment les abeilles font-elles du miel ?

Elles récoltent du nectar. Le nectar est un liquide sucré que les abeilles butinent dans les fleurs. Elles l'emportent à la ruche pour le déposer dans de minuscules ouvertures appelées alvéoles. Les abeilles ventilent le nectar avec leurs ailes. Elles le remuent et le déplacent d'une alvéole à l'autre, en le mélangeant avec du nectar plus ancien. Comme le nectar sèche lentement, il s'épaissit au fur et à mesure. Enfin, quand l'alvéole est remplie, l'abeille la ferme au moyen d'un petit bouchon de cire. Mmmmm, voici du miel !

Pourquoi les cochons se roulent-ils dans la boue ?

Pour se rafraîchir. Quand il fait chaud dehors, tu transpires. Mais les cochons ne transpirent pas. Tu mets de la crème solaire pour protéger ta peau des brûlures et tu utilises des produits contre les insectes, mais c'est impossible pour les cochons. Dans l'étable, les animaux restent propres, au frais, à l'abri des insectes, mais que font les cochons à l'extérieur ? Ils se roulent dans la boue ! Ils protègent leur peau du soleil et des insectes et se rafraîchissent.

1

Le sais-tu ?

Cette poule mange de la poussière ! Une poule n'a pas de dents pour broyer sa nourriture. Elle avale donc des cailloux et des particules de poussière. Il y a dans le corps de la poule un endroit appelé le gésier où les cailloux écrasent la nourriture avalée.

Les lapins remuent tout le temps le nez. À l'état sauvage, les lapins doivent toujours veiller au danger. Ils utilisent leurs longues oreilles pour entendre tous les bruits, et remuent le nez pour sentir toutes les odeurs, d'où qu'elles viennent. *Sniff ! Sniff !*

On conserve le grain et le foin pour nourrir les animaux de la ferme ou pour les vendre. Les rats et les souris mangent le grain et le foin, et transmettent parfois des maladies. C'est pourquoi les fermiers ont souvent beaucoup de chats dans leur grange pour attraper rats et souris, *miaou !*

Index